ANTOLOGIA POÉTICA

Antologia Poética
Alfonsina Storni

Tradução de Ezequiela Scapini
2ª edição

coragem

Porto Alegre
2024

© Editora Coragem, 2024.

A reprodução e propagação sem fins comerciais do conteúdo desta publicação, parcial ou total, não somente é permitida como também é encorajada por nossos editores, desde que citadas as fontes.

www.editoracoragem.com.br
contato@editoracoragem.com.br
(51) 98014.2709

Produção editorial: Thomás Daniel Vieira.
Tradução e curadoria: Ezequiela Scapini.
Revisão: Pedro Gediel.
Artes e capa: Mariana Gil.
Coordenação revisão final: Camila Costa Silva.

Porto Alegre, Rio Grande do Sul.
Outono de 2024.

Dados Internacionais de Catalogação na Publicação (CIP)

S885a	Storni, Alfonsina, 1892-1938
	Antologia poética / Alfonsina Storni; tradução de Ezequiela Scapini. – 2.ed. – Porto Alegre: Coragem, 2024.
	144 p. : il. – (Coleção Alfonsina Storni, v. 1)
	Título original: Antologia poética
	Texto em português e espanhol
	ISBN: 978-65-85243-19-3
	1. Poesia – Literatura argentina. 2. Literatura argentina. 3. Literatura hispano-americana. 4. Poemas – Literatura argentina. 5. Poesia argentina. I. Scapini, Ezequiela. II. Título. III. Série.
	CDU: 860(82)-1

Bibliotecária responsável: Jacira Gil Bernardes – CRB 10/463

*"A los que como yo, nunca realizaron
uno solo de sus sueños."*

Alfonsina Storni.

Sumário

Nota da tradutora	11
La inquietud del rosal	15
A inquietude do rosal	17
A loba	19
A morte da loba	25
O filho da loba	31
El dulce daño	33
Assim	35
Este grave dano	37
Diga-me	39
Tu me queres branca	41
Sentir-se	47
Supremo cortejo	49
Irremediablemente	55
Este livro	57
Falo comigo	59
Bem poderia ser...	63
Languidez	65
O silêncio	67
Monotonía	69
Languidez	71
Um dia...	75
Carta lírica a outra mulher	77

O clamor	83
A que compreende	85
Ao filho de um avarento	87
Um cemitério que mira o mar	93

OCRE	99
Humildade	101
Quando cheguei à vida	103
As grandes mulheres	105
Festa	107
Versos à tristeza de Buenos Aires	109

MUNDO DE SIETE POZOS	111
Retrato de um garoto que se chamava Sidfrido	113
Uno	119
Eu no fundo do mar	123
Farol à noite	127

MASCARILLA Y TRÉBOL	129
Rio da Prata em negro e ocre	131
Rio da Prata em cinza e áureo	133
Rio da Prata em areia pálido	135
Rio da Prata em celeste nebliprateado	137
Rio da Prata, na chuva	139
Sugestão de um salgueiro	141
O filho	143
Juventudes	145
O morto fugido	147
Vou dormir	149

NOTA DA TRADUTORA

por Ezequiela Scapinii

Há quem diga que poema não se traduz, pois cada língua é única na sua construção e profundidade. Os mais abertos a tal possibilidade afirmam a necessidade de um duplo conhecimento, da língua original e da língua traduzida. Mas não só. Para traduzir é preciso também ser um poeta.

Tal foi o desafio, pois não sou uma poeta. Mesmo não sendo, gosto de dizer que Alfonsina Storni foi um presente. A intensidade que não consigo colocar em palavras, encontro nas palavras dela. As confissões, as angústias, a pulsão sexual, a dor da condição de mulher, o afeto com lugares, tudo isso e mais são expressos pela autora e reverberaram em mim. E aqui está a ligação, ou melhor, o presente. Não de poeta para poeta-tradutora. De poeta para leitora-tradutora. De uma mulher para outra, em intensidades que se encontram.

Antologia Poética é, junto com *Poemas de Amor*, os primeiros livros de Alfonsina Storni traduzidos para o português e publicados no Brasil pela Editora Coragem. O primeiro, com poemas traduzidos e selecionados por mim, percorre a obra da autora. O segundo, traduzido por meu amigo Pedro Gediel e revisor do *Antologia*, apresenta sua única obra em prosa.

Para a difícil escolha dos poemas, a partir de suas setes obras publicadas, o intuito foi selecionar tanto os poemas mais significativos, identificados em outras antologias e também largamente compartilhados, quanto os poemas que, de uma forma ou de outra, me encontraram mais fortemente. Quanto à tradução, na velha preocupação em equilibrar forma e conteúdo na tradução, o anseio foi, antes de tudo, em manter o sentido do que Storni quis expressar, ou seja, manter o tônica do significado de cada poema.

Por fim, traduzir Storni, mesmo com os limites esboçados, expressa nosso anseio, meu e da Editora Coragem, em diminuir as distâncias da América Latina, especialmente do Brasil em relação à região, dado a distintas colonizações, o que se reflete na língua, mas que se une na dependência, quando olhamos por meio da nossa condição econômica. Diminuir distâncias, para aumentar resistências.

Que Alfonsina Storni seja um presente, tanto quanto foi para mim.

LA INQUIETUD DEL ROSAL

1916

La inquietud del rosal

El rosal en su inquieto modo de florecer
va quemando la savia que alimenta su ser
¡Fijaos en las rosas que caen del rosal:
Tantas son que la planta morirá de este mal!
El rosal no es adulto y su vida impaciente
se consume al dar flores precipitadamente.

A inquietude do rosal

O rosal em seu inquieto modo de florescer
vai queimando a seiva que alimenta seu ser
Olha as rosas que caem do rosal:
Tantas são que a planta morrerá deste mal!
O rosal não é adulto e sua vida impaciente
se consome ao dar flores precipitadamente.

La loba

Yo soy como la loba
Quebré con el rebaño
y me fui a la montaña
Fatigada del llano.

Yo tengo un hijo fruto del amor, de amor sin ley,
Que yo no pudo ser como las otras, casta de buey
Con yugo al cuello; libre se eleve mi cabeza!
Yo quiero con mis manos apartar la maleza.

Mirad cómo se ríen y cómo me señalan
Porque lo digo así: (Las ovejitas balan
Porque ven que una loba ha entrado en el corral
Y saben que las lobas vienen del matorral).

¡Pobrecitas y mansas ovejas del rebaño!
No temáis a la loba, ella no os hará daño.
Pero tampoco riáis, que sus dientes son finos
¡Y en el bosque aprendieron sus manejos felinos!

No os robará la loba al pastor, no os inquietéis;
Yo sé que alguien lo dijo y vosotras lo creéis
Pero sin fundamento, que no sabe robar
Esa loba; ¡sus dientes son armas de matar!

A loba

Eu sou como a loba
Rompi com o rebanho
e me fui à montanha
Cansada do campo.

Eu tenho um filho fruto do amor, de amor sem lei,
Que eu não pude ser como as outras, casta de gado
Com jugo no pescoço; ergo livre minha cabeça!
Eu quero, com minhas mãos, tirar o inço.

Vejam como riem e como me apontam
Porque digo assim: (As ovelinhas suspiram
Porque veem que uma loba entrou no curral
E sabem que as lobas vêm do matagal).

Pobrezinhas e mansas ovelhas do rebanho!
Não temas a loba, ela não os fará dano.
Mas também não riam, que seus dentes são finos
E na floresta aprenderam seus manejos felinos!

A loba não roubará o pastor, não se inquietem;
Eu sei que alguém disse e vocês acreditam
Mas sem fundamento, que não o sabe roubar
Essa loba; seus dentes são armas de matar!

*Ha entrado en el corral porque sí, porque gusta
De ver cómo al llegar el rebaño se asusta,
Y cómo disimula con risas su temor
Bosquejando en el gesto un extraño escozor…*

*Id si acaso podéis frente a frente a la loba
Y robadle el cachorro; no vayáis en la boba
Conjunción de un rebaño ni llevéis un pastor…
¡Id solas! ¡Fuerza a fuerza oponed el valor!*

*Ovejitas, mostradme los dientes. ¡Qué pequeños!
No podréis, pobrecitas, caminar sin los dueños
Por la montaña abrupta, que si el tigre os acecha
No sabréis defenderos, moriréis en la brecha.*

*Yo soy como la loba. Ando sola e me río
Del rebaño. El sustento me lo gano y es mío
Donde quiera que sea, que yo tengo una mano
Que sabe trabajar y un cerebro que es sano.*

*La que pueda seguirme que se venga conmigo.
Pero yo estoy de pie, de frente al enemigo,
La vida, y no temo tu arrebato fatal
Porque tengo en la mano siempre pronto un puñal.*

Entrou no curral porque sim, porque gosta
De ver como, ao chegar, o rebanho se assusta,
E como dissimula com risos seu temor
Esboçando, no gesto, uma estranha ferroada...

Vão se puderem ficar frente a frente à loba
E roubem-lhe o filhote; não vão à loba
Conjunção de um rebanho nem levem um pastor...
Vão só! Força a força opõem valor!

Ovelhinhas, mostrem-me os dentes. Que pequenos!
Não podereis, pobrezinhas, caminhar sem os donos
Pela abrupta montanha, que se o tigre os persegue
Não sabereis defender-los, morrereis na brecha.

Eu sou como a loba. Ando só e rio
Do rebanho. O sustento eu ganho e é meu
Onde quer que seja, que eu tenho uma mão
Que sabe trabalhar e um cérebro que é são.

Aquela que possa seguir-me que venha comigo.
Pois eu estou de pé, diante do inimigo,
A vida, e não temo seu ataque final
Porque tenho sempre na mão um punhal.

El hijo y después yo y después... lo que sea!
Aquello que me llame más pronto a la pelea.
A veces la ilusión de un capullo de amor
Que yo sé malograr antes que se haga flor.

Yo soy como la loba
Quebré con el rebaño
y me fui a la montaña
Fatigada del llano.

O filho e depois eu e depois... quem seja!
Aquele que me chamar mais rápido para peleja.
Às vezes a ilusão de uma semente de amor
Que eu sei estragar antes que se faça flor.

Eu sou como a loba
Rompi com o rebanho
E me fui à montanha
Cansada do campo.

La muerte de la loba

El cuarto estaba a oscuras; una mísera vela
Daba su luz pesada como de oro muerto;
Cada objeto en la pieza era un fantasma incierto
Bajo el pincel sombrío de la pobre candela.

Abierto estaba aún, donde su mejor verso,
Sobre la mesa el libro por ella preferido
Y una flor que no pudo ser la flor del olvido
Yacía en las estrofas como recuerdo terso.

En un vaso temblaba la blancura de un lirio
Cansado de sorber el agua amarillenta
Y su pobre corola caía macilenta
Con una gravedad enferma de martirio

Por la calle pasaban las ruedas de algún coche
Con un pesado andar cargado de agonía
Y la lluvia de a poco su llanto diluía
Sobre el silencio enorme que fluctuaba en la noche.

¡Oh, la forma del gato tras el cristal sombrío!
Un gato negro espiaba con la pupila rubia
Y su fosforescencia brillaba entre la lluvia
Metiéndose en el alma como un dardo de frío.

A morte da loba

O quarto estava às escuras; uma mísera vela
Dava sua luz pesada como de ouro morto;
Cada objeto no quarto era um fantasma incerto
Sob o pincel sombrio da pobre candela.

Ainda estava aberto, onde seu melhor verso,
Sobre a mesa, o livro por ela preferido
E uma flor que não pode ser a flor do esquecimento
Jazia nas estrofes como lembrança suave.

Em um vaso tremia a brancura de um lírio
Cansado de sorver a água amarelada
E sua pobre corola caía macilenta
Com uma gravidade enferma de martírio

Pela rua passavam as rodas de algum carro
Com um pesado andar carregado de agonia
E a chuva aos poucos diluía suas lágrimas
Sobre o silêncio enorme que flutuava na noite.

Oh, a forma do gato atrás do cristal sombrio!
Um gato negro espiava com a pupila dourada
E sua fosforescência brilhava entre a chuva
Metendo-se na alma com um dardo de frio.

La loba en su sillón hechos sombra los ojos,
Me escrutaba los ojos, hechos sombra también,
¡Oh, la pobre sabía – y lo sabía bien –
Como eran de traidores esos pómulos rojos!

Muy al rato me dijo: – "Mira, estoy tan tranquila,
Tan tranquila que acaso me comienzo a morir"…
Y estaba ¡tan tranquila! que hube de sonreír
Para que no leyera su muerte en mi pupila.

Y estaba ¡Tan tranquila! que como un pajarito
Se durmió para siempre en la noche de frío
Acariciando al hijo que en el regazo mío
Estaba; silencioso…silencioso y quietito.

Se quedó como el libro, cargada de ternezas,
Abriendo con su muerte la página final,
Una página blanca donde algún lodazal
Quiso poner impío el mal de sus tristezas.

Se quedó como el lirio que moría en el vaso…
Pálida y espectral, y sus manos perfectas
Decían no sé qué de las cosas selectas.
Con la suave armonía de su lívido raso.

A loba em sua poltrona, com os olhos feitos sombra,
Escrutinava-me os olhos, feitos sombra também,
Oh, a pobre sabia – e o sabia bem –
Como eram traidoras essas maçãs vermelhas do rosto!

Depois de um tempo me disse: — "Olha, estou tão tranquila,
Tão tranquila que talvez começo a morrer"...
E estava tão tranquila! que tive que sorrir
Para que ela não lesse sua morte em minha pupila.

E estava tão tranquila! que como um passarinho
Dormiu para sempre na noite fria
Acariciando o filho que no meu colo
Estava; silencioso... silencioso e quietinho.

Ficou com o livro, carregado de ternura,
Abrindo com sua morte a página final,
Uma página branca onde algum lodaçal
Quis pôr impiedoso o mal de suas tristezas.

Ficou como o lírio que morria no vaso...
Pálida e espectral, e suas mãos perfeitas
Diziam não sei o quê das coisas escolhidas.
Com a suave harmonia de seu lívido cetim.

"¡Mamita! Oye mamita, ¿me comprarás soldados?...
Mamita". – No la llames, se ha dormido mamita –
Y una pobre canción con lástima infinita
Fluctuó pesadamente de mis llantos ahogados.

De pronto hasta el pabilo se apagó consumido,
La noche su sepulcro tendió sobre mi vena
Pero seguí cantando la suave cantinela
Para que el niño blondo se quedara dormido.

¡Después!...– ¡tantos detalles perdieron ya el color! –
Sólo me acuerdo ahora que en mi frente contrita
Pasó del pobre huérfano la blanca manecita
¡Tal como si en la llama jugueteara una flor!

"Mamãe! Ouve mamãe, me comprarás soldados?...
Mamãe". – Não a chames, mamãe dormiu –
E uma pobre canção com a lástima infinita
Flutuou pesadamente de meus prantos afogados.

De repente, até estendeu o pavio se apagou consumido,
A noite seu sepulcro tendeu sobre minha veia
Mas segui cantando a suave cantilena
Para que o menino loiro adormecesse.

Depois! – tantos detalhes perderam já a cor! –
Só me lembro agora que em minha testa arrependida
Passou, do pobre órfão, a branca mãozinha
Como se na chama brincasse uma flor!

El hijo de la loba

Es un niño que tiene una expresión de hombría
Su frente es un espejo de la melancolía
Y un gesto delatorio de ser predestinado
Lo significa hijo del amor y del pecado

Las cejas bien arqueadas denotan voluntad,
La risa tiene un rasgo que es de fatalidad,
Sus ojos son muy negros; son dos interrogantes
¡Y en sus pupilas graves juguetea un Levante!

Se adivina un poeta soñador y nervioso
En la rubia cabeza de cabello sedoso
Y como si tuviera intuición de la vida
Su palabra es serena como el agua dormida.

O filho da loba

É um menino que tem uma expressão de viril
Sua testa é um espelho de melancolia
E um gesto revelador de ser predestinado
O marca como filho do amor e do pecado

As sobrancelhas bem arqueadas denotam vontade,
O sorriso tem um traço que é de fatalidade,
Seus olhos são bem pretos; são dois interrogadores
E em suas graves pupilas brinca um Levante!

Adivinha-se um poeta sonhador e nervoso
Na loira cabeça de cabelo sedoso
E como se tivesse intuição da vida
Sua palavra é serena como a água dormida.

EL DULCE DAÑO

1918

Así

Hice el libro así:
Gimiendo, llorando, soñando, ay de mí.

Mariposa triste, leona cruel,
Di luces y sombras todo en una vez.
Cuando fui leona nunca recordé
Cómo pude un día mariposa ser.
Cuando mariposa jamás me pensé
Que pudiera un día zarpar o morder.

Encogida a ratos y a saltos después
Sangraron mi vida y a sangre maté.
Sé que, ya paloma, pesado ciprés,
O mata florida, lloré y más lloré.
Si comiendo sales, si robando miel,
Los ojos lloraron a más no poder.
Da entonces lo mismo, que lo he visto bien,
Ser rosa o espina, azúcar o hiel.

Así voy a curvas con mi mala sed
Podando jardines de todo jaez.

Assim

Fiz o livro assim:
Gemendo, chorando, sonhando, ai de mim.

Borboleta triste, leoa cruel,
Dei luzes e sombras tudo de uma vez.
Quando fui leoa, nunca lembrei
Como pude um dia borboleta ser.
Quando borboleta, jamais pensei
Que poderia um dia zarpar ou morder.

Encolhida às vezes e saltitante depois
Sangraram minha vida e à sangue matei.
Sei que, já uma pomba, pesado cipreste
Ou mata florida, chorei e mais chorei.
Se provando sais, se roubando mel,
Os olhos choraram a mais não poder.
Dá então o mesmo, que vi bem,
Ser rosa ou espinho, açúcar ou fel.

Assim sigo curvas com minha má sede
Podando jardins de toda espécie.

Este grave daño

Este grave daño que me da la vida,
Es un dulce daño, porque la partida
Que debe alejarme de la misma vida
Más cerca tendré.

Yo llevo las manos brotadas de rosas,
Pero están libando tantas mariposas
Que cuando por secas se acaben mis rosas
Ay, me secaré.

Este grave dano

Este grave dano que me dá a vida,
É um doce dano, porque a partida
Que deve afastar-me dessa mesma vida
Mais perto terei.

Eu levo as mãos brotadas de rosas,
Mas estão sugando tantas mariposas
Que quando por secas se acabem minhas rosas
Ai, me secarei.

Dime

Dime al oído la palabra dulce;
Camoatí zumbador,
Las letras que asomen a tus labios
Han de oler a malvón
Y empacarán insectos en el rojo
Panal del corazón.

Dime al oído la palabra tenue,
Gasa, bruma, vapor...
Fineza de sus signos como leves
Alas de mariposa en la tensión
Del vuelo recto. Peligrosa tela
Urdida en los telares del amor.
Ay, que en los finos hilos de la malla,
Puede morir sin aire el corazón.

Dime al oído de palabras todas
La palabra mejor.
Si puedes, que se escurra de los labios
Modulada sin voz.
Música, de tu boca a mis oídos
Todas palabras son.
Música que adormece bajo el fino,
Rubio vellón,
De los cabellos de la primavera;
Gracia y olor.

Diga-me

Diga-me ao ouvido a palavra doce;
Camoatim zumbidor,
As letras que aparecem em teus lábios
Devem cheirar a gerânio
E empacotarão insetos no vermelho
Favo do coração.

Diga-me ao ouvido a palavra tênue,
Véu, bruma, vapor...
Finura de seus sinais como leves
Asas de borboleta na tensão
Do voo reto. Perigosa teia
Tecida nos teares do amor.
Ai, que nos finos fios da malha,
Pode morrer sem ar o coração.

Diga-me ao ouvido de palavras todas
A palavra melhor.
Se podes, que se escorra do lábios
Modulada sem voz.
Música, da tua boca a meus ouvidos
Todas as palavras são.
Música que adormece sob a fina,
Loira pelagem,
Dos cabelos da primavera;
Graça e perfume.

Tu me quieres blanca

Tu me quieres alba,
Me quieres de espumas,
Me quieres de nácar.
Que sea azucena
Sobre todas, casta.
De perfume tenue.
Corola cerrada.

Ni un rayo de luna
Filtrado me haya.
Ni una margarita
Se diga mi hermana.
Tú me quieres nívea,
Tú me quieres blanca,
Tú me quieres alba.

Tú que hubiste todas
Las copas a mano,
De frutos y mieles
Los labios morados.
Tú que en el banquete
Cubierto de pámpanos
Dejaste las carnes
Festejando a Baco.
Tú que en los jardines

Tu me queres branca

Tu me queres alva,
Me queres de espumas,
Me queres de nácar.
Que seja açucena
Sobre todas, casta.
De perfume tênue.
Coroa fechada.

Nem um raio de lua
Filtrado me toque.
Nem uma margarida
Se diga minha irmã.
Tu me queres nívea,
Tu me queres branca,
Tu me queres alva.

Tu que tiveste todas
As taças a mão,
De frutos e mel
Os lábios roxos.
Tu que no banquete
Coberto de pâmpanos
Deixaste as carnes
Festejando a Baco.
Tu que nos jardins

Negros del Engaño
Vestido de rojo
Corriste al Estrago.
Tú que el esqueleto
Conservas intacto
No sé todavía
Por cuáles milagros,
Me pretendes blanca
(Dios te lo perdone),
Me pretendes casta
(Dios te lo perdone),
¡Me pretendes alba!

Huye hacia los bosques,
Vete a la montaña;
Límpiate la boca;
Vive en las cabañas;
Toca con las manos
La tierra mojada;
Alimenta el cuerpo
Con raíz amarga;
Bebe de las rocas;
Duerme sobre escarcha;
Renueva tejidos
Con salitre y agua;
Habla con los pájaros
Y lévate al alba.

Escuros do Engano
Vestido de vermelho
Correste para o Estrago.
Tu que o esqueleto
Conservas intacto
Não sei ainda
Por quais milagres
Me desejas branca
(Deus te perdoe),
Me desejas casta
(Deus te perdoe),
Me desejas alva!

Foge para os bosques,
Vai à montanha;
Limpa-te a boca;
Vive nas cabanas;
Toca com as mãos
A terra molhada
Alimenta o corpo
Com raiz amarga;
Bebe das rochas;
Dorme sobre a geada;
Renova a pele
Com salitre e água;
Fala com os pássaros
E leva-te à aurora.

Y cuando las carnes
Te sean tornadas,
Y cuando hayas puesto
En ellas el alma
Que por las alcobas
Se quedó enredada,
Entonces, buen hombre,
Preténdeme blanca,
Preténdeme nívea,
Preténdeme casta.

E quando as carnes
Te forem devolvidas
E quando tenhas posto
Nelas a alma
Que pelos quartos
Ficou enredada,
Então, bom homem,
Deseje-me branca,
Deseje-me nívea,
Deseje-me casta.

Sentirse

Miro pasar la gente — Pobrecita la gente —
A mis pies, de repente,
La tierra tiembla toda como un niño azorado.
Sacúdeme los hombros su temblor desolado.
Me oprimo una con otra mis dos manos y siento
Mi calor que es el mismo que pone en movimiento
La inmensidad. Entonces mi vieja pena esquivo.
Crujen mis dedos; pienso: mi Dios, yo vivo, vivo!

Sentir-se

Olho passar a gente — Pobrezinha dessa gente -
A meus pés, de repente,
A terra treme toda como um menino confuso.
Sacode-me os ombros seu tremor desolado.
Pressiono uma com outra minhas duas mãos e sinto
Meu calor que é o mesmo que põe em movimento
A imensidão. Então minha velha dor esquivo.
Rangem meus dedos; penso: meu Deus, eu vivo, vivo!

Supremo cortejo

Quiero, muerta y helada, estatua nieve y nácar,
Un supremo cortejo todo blanco de rosas;
Sin túnicas el cuerpo, bajo el sol, luz y fuego,
Quiero que un rayo tibio se sonría en mi boca.

Quiero, sobre un camello con los belfos temblantes,
Atravesar la tierra, terriblemente roja;
Ni un árbol, ni una planta, piedra y piedra: la arena
Parecerá de oro si el sol rubio la enfoca.

Que vayan con las gibas agobiadas de flores
Camellos y camellos tras la estatua (mi forma)
Pesarosos y lentos los cuadrúpedos de Asia
Se hundirán en la tarde, la mirada curiosa.

Ni un hombre, ni un suspiro, ni un gesto; en el silencio
Mi cuerpo y Dios de frente caminarán a solas…
Hacia el mar, hacia el mar, hacia el mar! Cuando sepa
La estatua ha de moverse a pesar de ser roca.

Oh el cortejo callado, tardo, manso, infinito…
Oh los pétalos blancos, blancos, blancos! La comba
De sus lomos hinchados como tumbas pequeñas
Y la noche que llega germinada de auroras.

Supremo cortejo

Quero, morta e gelada, estátua neve e nácar,
Um supremo cortejo todo branco de rosas;
Sem túnicas o corpo, sob o sol, luz e fogo,
Quero que um raio tíbio sorria na minha boca.

Quero, sobre um camelo com beiços trêmulos,
Atravessar a terra, terrivelmente vermelha;
Nem uma árvore, nem uma planta, pedra e pedra: a areia
Parecerá de ouro se o sol loiro a enfoca.

Que vão com as corcovas sobrecarregadas de flores
Camelos e camelos atrás da estátua (minha forma)
Pesarosos e lentos os quadrúpedes da Ásia
Se fundiram na tarde, a mirada curiosa.

Nem um homem, nem um suspiro, nem um gesto: no silêncio
Meu corpo e Deus de frente caminharão a sós...
Em direção ao mar, em direção ao mar, em direção ao mar!
    Quando saiba
A estátua há de mover-se apesar de ser rocha.

Oh o cortejo calado, lento, manso, infinito...
Oh as pétalas brancas, brancas, brancas! A curvatura
De seus lombos inchados como tumbas pequenas
E a noite que chega germinada de auroras.

Cómo cede el desierto bajo el tardo rumiante!
Cómo gime la noche! Cómo espantan las olas
Gemebundas de arena! Cómo acechan los tigres
Encogidos y quietos... latigueante la cola!

Cómo miran los astros el cortejo que pasa...
Cómo están las estrellas desoladas ahora!
Cada bestia es un mundo, cada arena una vida,
Y la luna se cae temblorosa y redonda.

Y después lentamente cómo pasan los días,
Cómo pasan los días.. noche y sol, sol y sombra.
Cómo siguen de quietos con los labios al cielo
Cuerpo mío de mármol; alma mía, paloma.

Oh ya tiemblan las carnes de las bestias cansadas!
Oh ya están las narices como finas corolas
Movedizas e inquietas! Mar retumba a lo lejos.
Mar golpea el desierto. Mar desgaja las costas.

Mar recibe el cortejo que desfila a la orilla.
—Van soñando las bestias con sus cargas de rosas —
La de belfos temblantes, cuerpo mío de piedra
Se sacude del lomo, y a las aguas lo arroja.

Como cede o deserto sob o lento ruminante!
Como geme a noite! Como espantam as ondas
Lamurienta de areia! Como espreitam os tigres
Encolhidos e quietos... chicoteando a cauda!

Como olham os astros o cortejo que passa...
Como estão as estrelas desoladas agora!
Cada besta é um mundo, cada areia uma vida,
E a lua cai vibrante e redonda.

E depois lentamente como passam os dias,
Como passam os dias, noite e sol, sol e sombra.
Como seguem parados com os lábios ao céu
Corpo meu de mármore; alma minha, pomba.

Oh já tremem as carnes das bestas cansadas!
Oh já estão as narinas como finas corolas
Movediças e inquietas! Mar retumba distante.
Mar golpeia o deserto. Mar rasga a encosta.

Mar recebe o cortejo que desfila na margem.
— Vão sonhando as bestas com suas cargas de rosas —
De beiços vibrando, corpo meu de pedra.
Sacode-se no lombo, e às águas o arremessa.

Es un largo silencio suspendido del cielo
Lo que beben las bestias encogidas y solas.
Es un largo silencio que les pica los ojos,
Les detiene los miembros, la pelambre le enrosca.

Mas después... oh el cortejo que se vuelve al desierto
Y la estatua que duerme vida eterna en la roca.
Siglos, siglos, más siglos. A través del oleaje
Se oyen mundos que vuelan y no paran las horas.

Va entretanto el cortejo por la noche — misterio...
Va el cortejo y los tigres se acurrucan y lloran...
Va el cortejo sin alma por la arena desierta...
Va el cortejo muy lento coronado de rosas.

É um longo silêncio suspenso do céu
O que bebem as bestas encolhidas e sós.
É um longo silêncio que arde os olhos,
Detêm os membros, a pelagem enrosca.

Mas depois... oh o cortejo que se volta ao deserto
E a estátua que dorme vida eterna na rocha.
Séculos, séculos, mais séculos. Através da ondulação
Ouvem-se mundos que voam e não param as horas.

Vai entretanto o cortejo pela noite — mistério...
Vai o cortejo e os tigres se aconchegam e choram...
Vai o cortejo sem alma pela areia deserta...
Vai o cortejo lento bem lento coroado de rosas.

IRREMEDIABLEMENTE

1919

Este libro

Me vienen estas cosas del fondo de la vida:
Acumulando estaba, yo me vuelvo reflejo…
Agua continuamente cambiada y removida;
Así como las cosas, es mudable el espejo.

Momentos de la vida aprisionó mi pluma,
Momentos de la vida que se fugaron luego,
Momentos que tuvieron la violencia del fuego
O fueron más livianos que los copos de espuma.

En todos los momentos donde mi ser estuvo,
En todo esto que cambia, en todo esto que muda,
En toda la sustancia que el espejo retuvo,
Sin ropajes, el alma está limpia y desnuda.

Yo no estoy y estoy siempre en mis versos, viajero,
Pero puedes hallarme si por el libro avanzas
Dejando en los umbrales tus fieles y balanzas:
Requieren mis jardines piedad de jardinero.

Este livro

Vêm-me estas coisas do fundo da vida:
Acumulando estava, eu me torno reflexo...
Água continuamente trocada e removida;
Assim como as coisas, é mutável o espelho.

Momentos da vida, aprisionou minha caneta,
Momentos da vida que fugiram logo,
Momentos que tiveram a violência do fogo
Ou foram mais leves que os flocos de espuma.

Em todos os momentos onde meu ser esteve,
Em tudo isto que muda, em tudo isto que troca,
Em toda a substância que o espelho reteve,
Sem roupagens, a alma está limpa e nua.

Eu não estou e estou sempre em meus versos, viajante,
Mas podes me encontrar se pelo livro avanças.
Deixando nos limiares tuas certezas e dúvidas:
Requerem meus jardins piedade do jardineiro.

Hablo conmigo

¿Por qué mi mano que acaricia estruja?
¿Por qué estoy ciega cuando puedo ver?
Pregúntale a los astros que se mueven.
Yo no lo sé.

¿Por qué las flores se me vuelven piedras?
¿Por qué en acíbar se me va la miel?
Pregúntale a los vientos que varían.
Yo no lo sé.

¿Por qué la primavera se me hiela?
¿Por qué bebiendo tengo siempre sed?
Pregúntale a las fases de la luna.
Yo no lo sé.

¿Por qué la mas humilde, la mas buena
me hago una copa de ácido y hiel?
Pregúntale a los días que se nublan.
Yo no lo sé.

¿Por qué no pido ni una gota de agua
yo que mendiga soy desde el nacer?
Pregúntale a la atmósfera que cambia.
Yo no lo sé.

Falo comigo

Por que minha mão que acaricia espreme?
Por que estou cega quando posso ver?
Pergunta aos astros que se movem.
Eu não sei.

Por que as flores a mim se tornam pedras?
Por que vai-me o mel na amargura?
Pergunta aos ventos que variam.
Eu não sei.

Por que a primavera me congela?
Por que bebendo tenho sempre sede?
Pergunta às fases da lua.
Eu não sei.

Por que a mais humilde, a melhor
me faço um copo de ácido e fel?
Pergunta aos dias que se nublam.
Eu não sei.

Por que não peço nem uma gota de água
eu que mendiga sou desde o nascer?
Pergunta à atmosfera que muda.
Eu não sei.

¿Por qué si el mundo pesa en mis espaldas
amo ese peso y no andaré sin el?
Pregúntale a dios si lo conoces.
Yo no lo sé.

¿Por qué una noche,si lo odiaba, luna
bajo tus luces claras lo besé?
Pregúntale a los ojos de aquel hombre.
Yo no lo sé".

Por que se o mundo pesa em minhas costas
amo esse peso e não andarei sem ele?
Pergunta a deus se sabe.
Eu não sei.

Por que uma noite, se o odiava, lua
sob tuas luzes claras o beijei?
Pergunta aos olhos daquele homem.
Eu não sei.

Bien pudiera ser...

Pudiera ser que todo lo que en verso he sentido
No fuera más que aquello que nunca pudo ser,
No fuera más que algo vedado y reprimido
De familia en familia, de mujer en mujer.

Dicen que en los solares de mi gente, medido
Estaba todo aquello que se debía hacer...
Dicen que silenciosas las mujeres han sido
De mi casa materna... Ah, bien pudiera ser...

A veces en mi madre apuntaron antojos
De liberarse, pero se le subió a los ojos
Una honda amargura, y en la sombra lloró.

Y todo eso mordiente, vencido, mutilado,
Todo eso que se hallaba en sua alma encerrado,
Pienso que sin quererlo lo he libertado yo.

Bem poderia ser...

Poderia ser que tudo que no verso tenho sentido
Não fosse mais que aquilo que nunca pude ser
Não fosse mais que algo vedado e reprimido
De família em família, de mulher em mulher.

Dizem que nos solares da minha gente, medido,
Estava tudo aquilo que devia fazer...
Dizem que silenciosas as mulheres têm sido
Em minha casa materna. Ah, bem poderia ser...

Às vezes minha mãe terá desejado
Libertar-se, e logo viu subir-lhe aos olhos
Uma profunda amargura, e na sombra chorou.

E tudo isso de mordente, vencido, mutilado,
Tudo que estava em sua alma guardado,
Penso que, sem querer, fui eu quem libertou.

LANGUIDEZ

1920

El silencio

¿Nunca habéis inquirido
Por qué, mundo tras mundo,
Por el cielo profundo
Van pasando sin ruido?

Ellos, los que transpiran
Las cosas absolutas,
Por sus azules rutas
Siempre callados giran.

Sólo el hombre, pequeño,
Cuyo humano latido
En la tierra, es un sueño,
¡Sólo el hombre hace ruido!

O silêncio

Nunca questionastes
Por que, mundo após mundo,
Pelo céu profundo
Vão passando sem ruído?

Eles, os que transpiram
As coisas absolutas,
Por suas azuis rotas
Sempre calados giram.

Só o homem, pequeno,
Cujo humano batimento
Na terra, é um sonho,
Só o homem é barulhento!

Monotonia

¿Cómo decir este deseo de alma?
Un deseo divino me devora,
pretendo hablar, pero se rompe y llora
esto que llevo adentro y no se calma.

Pretendo hablar, pero se rompe y llora
lo que muere al nacer dentro del alma.
¿Cómo decir el mal que me devora,
el mal que me devora y no se calma?

Y así pasan los días por el alma,
y así en su daño obsesionada, llora:
¿Cómo decir el mal que me devora,
el mal que me devora y no se calma?

Monotonía

Como dizer este desejo de alma?
Um desejo divino me devora,
pretendo falar, mas se rompe e chora
isto que levo dentro e não se acalma.

Pretendo falar, mas se rompe e chora
o que morre ao nascer dentro da alma.
Como dizer o mal que me devora,
o mal que me devora e não se acalma?

E assim passam os dias pela alma,
e assim em seu dano obcecada, chora:
Como dizer que o mal que me devora,
o mal que me devora e não se acalma?

Languidez

Está naciendo octubre
Con sus mañanas claras.

He dejado mi alcoba
Envuelta en telas claras,
Anudado el cabello
Al descuido; mis plantas
Libres, desnudas, juegan.

Me he tendido en la hamaca,
Muy cerca de la puerta,
Un poco amodorrada.
El sol que está subiendo
Ha encontrado mis plantas
Y las tiñe de oro...

Perezosa, mi alma
Ha sentido que, lento,
El sol subiendo estaba
Por mis pies y tobillos
Así como buscándola.
Yo sonrío: este bueno
De sol no ha de encontrarla,
Pues yo, que soy su dueña,
No sé por dónde anda;
Cazadora, ella parte

Languidez

Está nascendo outubro
Com suas claras manhãs.

Deixei meu quarto
Envolta em claros tecidos,
O cabelo preso
Descuidadamente; minhas plantas
Livres, nuas, brincam.

Estendi-me na rede
Bem perto da porta,
Um pouco sonolenta.
O sol subia
Encontrou as plantas de meus pés
E tinge-as de ouro...

Preguiçosa, minha alma
Sentiu que, lento,
O sol subindo estava
Por meus pés e tornozelos
Assim como se a buscasse.
Eu sorrio: este bom
sol não há de encontrá-la.
Pois eu, que sou sua dona,
Não sei por onde anda;
Caçadora, ela parte

Y trae, azul, la caza…
Un niño viene ahora,
La cabeza dorada…

Se ha sentado a mi lado
Cerrada la palabra;

Como yo el cielo mira,
Como yo, sin ver nada.
Me acaricia los dedos
De los pies con la blanca
Mano; por los tobillos
Las yemas delicadas
De sus dedos desliza…
Por fin, sobre mis plantas,
Ha puesto su mejilla
De flor recién regada.

Cae el sol dulcemente,
Oigo voces lejanas,
Está el cielo muy lejos…

Yo sigo amodorrada
Con la rubia cabeza
Muerta sobre mis plantas.

...Un pájaro... la arteria
Que por su cuello pasa…

E traz, azul, a caça...
Um menino vem agora,
A cabeça dourada...

Sentou ao meu lado
Sem dizer palavra;

Como eu, olha o céu,
Como eu, sem ver nada.
Acaricia-me os dedos
Dos pés com a branca
Mão; pelos tornozelos
Os botões delicados
De seus dedos desliza...
Por fim, sobre minhas plantas,
Colocou sua bochecha
De flor recém regada.

Cai o sol docemente,
Escuto vozes distantes,
O céu está muito longe...

Eu sigo sonolenta
Com a loira cabeça
Morta sobre minhas plantas.

... Um pássaro... a artéria
Que pelo seu pescoço passa...

Un día...

Andas por esos mundos como yo; no me digas
Que no existes; existes, nos hemos de encontrar;
No nos conoceremos, disfrazados y torpes
Por los mismos caminos echaremos a andar.

No nos conoceremos, distantes uno de otro
Sentirás mis suspiros y te oiré suspirar.
¿Dónde estará la boca, la boca que suspira?
Diremos, el camino volviendo a desandar.

Quizás nos encontremos frente a frente algún día.
Quizás nuestros disfraces nos logremos quitar.
Y ahora me pregunto... ¿Cuando ocurra, si ocurre,
Sabré yo de suspiros, sabrás tú suspirar?

Um dia...

Andas por esses mundos como eu; não me digas
Que não existes; existes, nos havemos de encontrar;
Não nos conheceremos, disfarçados e toscos
Pelos mesmos caminhos começaremos a andar.

Não nos conheceremos, distantes um do outro
Sentirás meus suspiros e te ouvirei suspirar.
Onde estará a boca, a boca que suspira?
Diremos, o caminho novamente a desandar.

Talvez nos encontremos frente a frente algum dia.
Talvez nossos disfarces possamos tirar.
E agora me pergunto… Quando acontecer, se acontecer,
Saberei eu de suspiros, saberás tu suspirar?

Carta lírica a otra mujer

Vuestro nombre no sé, ni vuestro rostro
Conozco yo, y os imagino blanca,
Débil como los brotes iniciales,
Pequeña, dulce... ya ni sé... Divina.
En vuestros ojos placidez de lago
Que se abandona al sol y dulcemente
Le absorbe su oro mientras todo calla.
Y vuestras manos, finas, como es este
Dolor, el mío, que se alarga, alarga
Y luego se me muere y se concluye
Así, como lo veis, en algún verso.
Ah, ¿sois así? Decidme si en la boca
Tenéis un rumoroso colmenero,
Si las orejas vuestras son a modo
De pétalos de rosas ahuecados...
Decidme si lloráis, humildemente,
Mirando las estrellas tan lejanas
Y si en las manos tibias se os aduermen
Palomas blancas y canarios de oro.
Porque todo eso y más vos sois, sin duda;
Vos, que tenéis el hombre que adoraba
Entre las manos dulces, vos la bella
Que habéis matado, sin saberlo acaso,
Toda esperanza en mí... vos, su criatura.
Porque él es todo vuestro; cuerpo y alma
Estáis gustando del amor secreto

Carta lírica a outra mulher

Teu nome não sei, nem teu rosto
Conheço eu, e a imagino branca,
Frágil como os brotos iniciais,
Pequena, doce... já nem sei... Divina.
Em teus olhos, placidez de lago
Que se abandona ao sol e docemente
Absorve seu ouro enquanto tudo cala.
E tuas mãos, finas, como é esta
Dor, a minha, que se aumenta, aumenta
Depois morre em mim e se acaba
Assim, como o vês, em algum verso.
Ah, és assim? Diga-me se na boca
Tens um rumor de abelhas,
Se tuas orelhas são como
Pétalas de rosa côncavas...
Diga-me se choras, humildemente,
Olhando as estrelas tão distantes
E se em tuas mãos mornas adormecem
Pombas brancas e canários de ouro.
Porque tudo isso e mais, tu és, sem dúvidas;
Tu, que tens o homem que adorava
Entre as mãos doces, tu, a bela
Que tens matado, sem saber talvez,
Toda esperança em mim... tu, sua criatura.
Porque ele é todo teu; corpo e alma.
Estás saboreando do amor secreto

Que guardé silencioso... Dios lo sabe
Por qué, que yo no alcanzo a penetrarlo.
Os lo confieso que una vez estuvo
Tan cerca de mi brazo, que, a extenderlo,
Acaso mía aquella dicha vuestra
Me fuera ahora... ¡sí!, acaso mía…
Mas ved, estaba el alma tan gastada
Que el brazo mío no alcanzó a extenderse:
La sed divina, contenida entonces,
Me pulió el alma... ¡Y él ha sido vuestro!
¿Comprendéis bien? Ahora, en vuestros brazos
Él se adormece y le decís palabras
Pequeñas y menudas que semejan
Pétalos volanderos y muy blancos.
Acaso un niño rubio vendrá luego
A copiar en los ojos inocentes
Los ojos vuestros y los de él unidos
En un espejo azul y cristalino…
¡Oh, ceñidle la frente! ¡Era tan amplia!
¡Arrancaban tan firmes los cabellos
A grandes ondas, que a tenerla cerca
No hiciera yo otra cosa que ceñirla!
Luego dejad que en vuestras manos vaguen
Los labios suyos; él me dijo un día
Que nada era tan dulce al alma suya
Como besar las femeninas manos…
Y acaso, alguna vez, yo, la que anduve
Vagando por afuera de la vida

Que guardei silencioso... Deus sabe
O porquê, que eu não consigo penetrá-lo.
Confesso que uma vez esteve
Tão perto do meu braço, que, ao estendê-lo,
Talvez aquela minha felicidade vossa
Seria agora... Sim!, talvez minha...
Mas veja, a alma estava tão desgastada
Que meu braço não conseguiu estender-se:
A sede divina, então contida,
Poliu-me a alma... E ele tem sido teu!
Compreendes bem? Agora, em vossos braços
Ele adormece e dizeis palavras
Pequenas e miúdas que se assemelham
a pétalas voadoras e muito brancas.
Talvez um loiro menino virá depois
A copiar nos olhos inocentes
Os olhos teus e os dele unidos
Num espelho azul e cristalino...
Oh, cinge-lhe a testa! Era tão ampla!
Arrancavam tão firmes os cabelos
Em grandes ondas, que ao tê-la perto
Não faria eu outra coisa que cingi-la!
Logo deixe que em tuas mãos vagueiem
Os lábios dele; ele me disse um dia
Que nada era tão doce à sua alma dele
Como beijar as mãos femininas...
E talvez, alguma vez, eu, a que andas
Vagando vida afora

—Como aquellos filósofos mendigos
Que van a las ventanas señoriales
Y miran sin envidia toda fiesta—
Me allegue humildemente a vuestro lado
Y con palabras quedas, susurrantes,
Os pida vuestras manos un momento
Para besarlas, yo, como él las besa…
Y al cubrirlas, lenta, lentamente,
Vaya pensando: aquí se aposentaron
¿Cuánto tiempo, sus labios, cuánto tiempo
En las divinas manos que son suyas?
¡Oh, qué amargo deleite, este deleite
De buscar huellas suyas y seguirlas
Sobre las manos vuestras tan sedosas,
Tan finas, con sus venas tan azules!
Oh, que nada podría, ni ser suya,
Ni dominarle el alma, ni tenerlo
Rendido aquí a mis pies, recompensarme
Este horrible deleite de hacer mío
Un inefable, apasionado rastro.
¡Y allí en vos misma, sí, pues sois barrera,
Barrera ardiente, viva, que al tocarla
Ya me remueve este cansancio amargo,
Este silencio de alma en que me escudo,
Este dolor mortal en que me abismo,
Esta inmovilidad del sentimiento
Que sólo salta, bruscamente, cuando
Nada es posible!

– Como aqueles mendigos filósofos
Que vão às janelas senhoriais
E olham sem inveja toda festa –
Me achegue humildemente ao teu lado
E com palavras baixas, sussurrantes,
Peça tuas mãos um momento
Para beijá-las, eu, como ele as beija...
E ao recobri-las, lenta, lentamente,
Vá pensando: aqui se estabeleceram
Quanto tempo? seus lábios, quanto tempo
Nas divinas mãos que são tuas?
Oh, que amargo este deleite
De buscar pegadas tuas e segui-las
Sobre as tuas mãos tão sedosas,
Tão finas, com suas veias tão azuis!
Oh, que nada poderia, nem ser tua,
Nem dominar-lhe a alma, nem tê-lo
Rendido aqui a meus pés, me recompensar
Este horrível deleite de fazer meu
Um inefável, apaixonado rastro.
E ali em ti mesma, sim, pois és empecilho,
Empecilho ardente, vivo, que ao tocá-la
Já me remove este cansaço amargo,
Este silêncio da alma em que me escondo,
Esta dor mortal em que me abismo,
Esta imobilidade do sentimento
Que só salta, bruscamente, quando
Nada é possível!

El clamor

Alguna vez, andando por la vida,
Por piedad, por amor,
Como se da una fuente, sin reservas,
Yo di mi corazón.

Y dije al que pasaba, sin malicia,
Y quizá con fervor:
—Obedezco a la ley que nos gobierna:
He dado el corazón.

Y tan pronto lo dije, como un eco,
Ya se corrió la voz:
—Ved la mala mujer esa que pasa:
He dado el corazón.

De boca en boca, sobre los tejados,
Rodaba este clamor:
—¡Echadle piedras, eh, sobre la cara;
he dado el corazón!

Ya está sangrando, sí, la cara mía,
Pero no de rubor;
Que me vuelvo a los hombres y repito:
¡He dado el corazón!

O clamor

Alguma vez, andando pela vida,
Por piedade, por amor,
Como se dá uma fonte, sem reservas,
Eu dei meu coração.

E disse a quem passava, sem malícia,
E talvez com fervor:
– Obedeço a lei que nos governa:
Dei o coração.

E assim que disse, como um eco,
Já se correu a voz:
– Veja essa má mulher que passa:
Dei o coração.

De boca em boca, sobre os telhados,
Rodava este clamor:
– Atirem pedras, é, sobre o rosto;
Dei o coração!

Já está sangrando, sim, a minha cara,
Mas não de vergonha;
Que retorno aos homens e repito:
Dei o coração!

La que comprende

Con la cabeza negra caída hacia adelante
Está la mujer bella, la de mediana edad,
Postrada de rodillas y un Cristo agonizante
Desde su duro leño la mira con piedad.

En los ojos la carga de una enorme tristeza,
En el seno la carga del hijo por nacer,
Al pie del blanco Cristo que está sangrando reza:
—¡Señor, el hijo mío que no nazca mujer!

A que compreende

Com a cabeça negra caída para frente
Está a bela mulher, a de meia idade,
Prostrada de joelhos e um Cristo agonizante
De seu duro tronco a olha com piedade.

Nos olhos, a carga de uma enorme tristeza,
No seio, a carga do filho por nascer,
Ao pé do branco Cristo que está sangrando, reza:
Senhor, que meu filho não nasça mulher!

Al hijo de un avaro

Ya la avaricia te imprimió su huella
Sobre las carnes: la materia escasa
Recubre apenas tu armazón exiguo
De hombros estrechos.

Cabellos tienes desteñidos; mira
Cómo tu piel no brilla. Se repite
En tí el milagro de tu padre, el hombre
De ojos agudos.

¿Recuerdas tú? Cuando eras niño apenas
Medio dormido entre la sombra, oías
Caer monedas, lenta, lentamente…
Una por una.

Como tu padre, a medianoche anduvo
También tu abuelo en subterráneo, y antes,
El padre de su padre ya ambulaba
Bajo la tierra.

Mira tus dedos deprimidos, mira.
Mira la curva del pulgar derecho,
Menguado está como tu alma; ¡mira!...
¿Miedo no sientes?

Ao filho de um avarento

Já que a ganância te imprimiu sua marca
Sobre as carnes: a matéria escassa
Recobre apenas tua exígua armadura
De ombros estreitos.

Cabelos tens desbotados; olha
Como tua pele não brilha. Se repete
Em ti o milagre de teu pai, o homem,
De olhos afiados.

Lembra-te? Quando eras pequeno apenas
Meio adormecido entre a sombra, ouvias
Cair moedas, lenta, lentamente...
Uma por uma.

Como teu pai, a meia noite andou
Também teu avô no subterrâneo, e antes,
O pai de teu pai já andarilhava
Abaixo da terra.

Olha teus dedos deprimidos, olha.
Olha a curva do polegar direito,
Minguando está como tua alma; olha!...
Medo não sentes?

Ni los esclavos te aman.. . ¡Ah, no sabes
Cuán fácil aman los esclavos! Muestra
La bolsa tuya y llegarán cantando
Tus alabanzas.

Odias el sol pues te parece el oro
Que no pudiste conseguir. Te encierras
Por no mirarlo, cuando sale a darse
Sencillamente.

Cuando tus manos van a tus bolsillos
Temblor las mueve, que tu raza toda
Pesa en los dedos con que, apenas, tiendes
Su vil moneda.

Oh las mujeres que a tu lado pasan
Sienten el hielo de tus ojos y huyen
En sueños dulces a lejanos bosques
Primaverales.

Hijo de avaro, ven a mis rodillas,
Piedad me sobra..., recogí en los ojos
El cielo azul, y el mar, que es movimiento,
Filtró por ellos.

Nem os escravos te amam... Ah, não sabes
quão fácil amam os escravos! Mostra
Tua bolsa e virão cantando
Teus louvores.

Odeias o sol pois te parece o ouro
Que não pudeste conseguir. Fecha-te
Para não olhá-lo, quando sai a dar-se
Sensivelmente.

Quando tuas mãos vão a teus bolsos
Tremor as move, que tua raça toda
Pesa nos dedos com que, apenas, tendes
Sua vil moeda.

Oh as mulheres que em teu lado passam
Sentem o gelo de teus olhos e fogem
Em sonhos doces a distantes florestas
Primaveris.

Filho de um avarento, vem aos meus joelhos,
Piedade me sobra..., peguei nos olhos
O céu azul, e o mar, que é movimento,
Filtrado por eles.

¡Hijo de avaro, recubrirte ansío
Con mis dos brazos y en los ojos grises
Mirarte fijo!... ¡Como un soplo ardiente
Te daré el alma!

Te sentirás crecer: los hombros tuyos
Han de agrandarse; tus cabellos secos
Tomarán brillo y el pulgar menguado
La curva mía.

Hijo de avaro, ven a mis rodillas;
¡Nadie te amó! Encogido, tembloroso,
Nunca entendiste el bien de los humanos;
Unico: darse.

A ricos de alma le ofrecí mi alma
Toda, temblando de alegría; llega,
No tengas miedo, buitre, no se acaba
El pozo mío.

Que nadie es pobre como tú, el enjuto
De pecho y alma, el de los ojos grises,
El de los dedos comprimidos, secos...
¡Hijo de avaro!

Filho de um avarento, recobrir-te anseio
Com meus dois braços e nos olhos cinzas
Olhar-te fixo!... Como um sopro ardente
Darei-te a alma!

Te sentirás crescer: os teus ombros
Hão de alongar-se; teus cabelos secos
Tomarão brilho e o polegar minguado,
A minha curva.

Filho de um avarento, vem aos meus joelhos
Ninguém te amou! Encolhido, medroso,
Nunca entendeste o bem dos humanos;
Único: dar-se.

A ricos de alma ofereci minha alma
Toda, tremendo de alegria; chega,
Não tenhas medo, abutre, ainda não acabou
O meu poço.

Que ninguém é pobre como tu, seco
De peito e alma, nos olhos cinzas,
Nos dedos compridos, secos...
Filho de um avarento!

Un cementerio que mira al mar

Decid, oh muertos, ¿quién os puso un día
Así acostados junto al mar sonoro?
¿Comprendía quien fuera que los muertos
Se hastían ya del canto de las aves
Y os han puesto muy cerca de las olas
Porque sintáis del mar azul, el ronco
Bramido que apavora?

Os estáis junto al mar que no se calla
Muy quietecitos, con el muerto oído
Oyendo cómo crece la marea,
Y aquel mar que se mueve a vuestro lado,
Es la promesa no cumplida, de una
Resurrección.

En primavera, el viento, suavemente,
Desde la barca que allá lejos pasa,
Os trae risas de mujeres... Tibio
Un beso viene con la risa, filtra
La piedra fría, y se acurruca, sabio,
En vuestra boca y os consuela un poco...
Pero en noches tremendas, cuando aúlla
El viento sobre el mar y allá a lo lejos
Los hombres vivos que navegan tiemblan

Um cemitério que mira o mar

Digam, oh mortos, quem os colocou um dia
Assim deitados junto ao mar sonoro?
Compreendia quem quer que fosse, que os mortos
Se fartam já do canto das aves
E os colocaram bem perto das ondas
Porque sintais o mar azul, o ronco
Rugido que apavora?

Estão junto ao mar que não se cala
Muito quietinhos, com o morto ouvido
Escutando como cresce a maré,
E aquele mar que se move a vosso lado,
É a promessa não cumprida, de uma
Ressurreição.

Na primavera, o vento, suavemente,
Do barco que lá distante passa,
Traz risos de mulheres... Tíbio
Um beijo vem com o riso, filtra
A pedra fria, e se amonta, sábio,
Em vossa boca e os consola um pouco...
Mas em noites tremendas, quando uiva
O vento sobre o mar e lá distante
Os homens vivos que navegam tremem

Sobre los cascos débiles, y el cielo
Se vuelca sobre el mar en aluviones,
Vosotros, los eternos contenidos,
No podéis más, y con esfuerzo enorme
Levantáis las cabezas de la tierra.
Y en un lenguaje que ninguno entiende
Gritáis: —Venid, olas del mar, rodando,
Venid de golpe y envolvednos como
Nos envolvieron, de pasión movidos,
Brazos amantes. Estrujadnos, olas,
Movednos de este lecho donde estamos
Horizontales, viendo cómo pasan
Los mundos por el cielo, noche a noche...
Entrad por nuestros ojos consumidos,
Buscad la lengua, la que habló, y movedla,
¡Echadnos fuera del sepulcro a golpes!

Y acaso el mar escuche, innumerable,
Vuestro llamado, monte por la playa,
¡Y os cubra al fin terriblemente hinchado!

Entonces, como obreros que comprenden,
Se detendrán las olas y leyendo
Las lápidas inscriptas, poco a poco
Las moverán a suaves golpes, hasta
Que las desplacen, lentas, y os liberten.
¡Oh, qué hondo grito el que daréis, qué enorme

Sobre os cascos débeis, e o céu
Se derrama sobre o mar em aluviões,
Vocês, os eternos contidos,
Não podem mais, e com esforço enorme
Levantam as cabeças da terra.
E em linguagem que ninguém entende
Gritam: – Venham, ondas do mar, rolando,
Venham de golpe e envolvam-nos como
Nos envolveram, de paixão movidos,
Braços amantes. Apertem-nos, ondas,
Movam-nos deste leito onde estamos
Horizontais, vendo como passam
Os mundos pelo céu, noite a noite...
Entrem pelos nossos olhos consumidos,
Busquem a língua, a que falou, e a movam,
Expulsem-nos fora do sepulcro a golpes!

E talvez o mar escute, inumerável,
Vosso chamado, suba pela praia,
E os cubra ao fim terrivelmente inflado!

Então, como trabalhadores que compreendem,
Se deterão as ondas e lendo
As lápides inscritas, pouco a pouco
As moverão a suaves golpes, até
Que as desloquem, lentas, e os libertem.
Oh, que fundo grito o que darão, que enorme

Grito de muerto, cuando el mar os coja
Entre sus brazos, y os arroje al seno
Del grande abismo que se mueve siempre!
Brazos cansados de guardar la misma
Horizontal postura; tibias largas,
Calaveras sonrientes: elegantes
Fémures corvos, confundidos todos,
Danzarán bajo el rayo de la luna
La milagrosa danza de las aguas.
Y algunas desprendidas cabelleras,
Rubias acaso, como el sol que baje
Curioso a veros, islas delicadas
Formarán sobre el mar y acaso atraigan
A los pequeños pájaros viajeros.

Grito de morto, quando o mar os agarrar
Entre seus braços, e os lanar ao seio
Do grande abismo que se move sempre!
Braços cansados de guardar a mesma
Horizontal postura; tíbias longas,
Caveiras sorridentes: elegantes
Fêmures curvos, confundidos todos,
Dançarão sob o raio da lua
A milagrosa dança das águas.
E algumas cabeleiras soltas,
Loiras talvez, como o sol que baixa
Curioso a vê-los, ilhas delicadas
Formarão sobre o mar e talvez atraiam
Os pequenos pássaros viajantes.

OCRE

1925

Humildad

Yo he sido aquella que paseó orgullosa
El oro falso de unas cuantas rimas
Sobre su espalda, y se creyó gloriosa,
De cosechas opimas.

Ten paciencia, mujer que eres oscura:
Algún día, la Forma Destructora
Que todo lo devora,
Borrará mi figura.

Se bajará a mis libros, ya amarillos,
Y alzándola en sus dedos, los carrillos
Ligeramente inflados, con un modo

De gran señor a quien lo aburre todo,
De un cansado soplido
Me aventará al olvido.

Humildade

Eu fui aquela que passou orgulhosa
O ouro falso de umas quantas rimas
Sobre suas costas, e se acreditou gloriosa,
De colheitas opimas.

Tem paciência, mulher que és escura:
Algum dia, a Forma Destruidora
Que a tudo devora,
Apagará minha figura.

Descerá aos meus livros, já amarelos,
E alçando-a em seus dedos, as bochechas
Ligeiramente infladas, com um modo

De grão senhor a quem tudo causa aborrecimento,
De um cansado sopro
Jogar-me-ei ao esquecimento.

Cuando llegué a la vida

Vela sobre mi vida, mi grave amor inmenso:
Cuando llegué a la vida yo traía en suspenso,
En el alma y la carne, la locura enemiga,
El capricho elegante y el deseo que hostiga.

Me encantaban los viajes por las almas humanas,
La luz, los extranjeros, las abejas livianas,
El ocio, las palabras que inician el idilio,
Los cuerpos armoniosos, los versos de Virgilio.

Cuando sobre tu pecho mi alma fue apaciguada,
Y la dulce criatura, tuya y mía, deseada,
Yo puse entre tus manos toda mi fantasía

Y te dije humillada por estos pensamientos:
—¡Vigílame los ojos! Cuando cambian los vientos
El alma femenina se trastorna y varía…

Quando cheguei à vida

Vela sobre minha vida, meu grave amor imenso:
Quando cheguei à vida eu trazia em suspenso,
Na alma e na carne, a loucura inimiga,
O capricho elegante e o desejo que assedia.

Encantavam-me as viagens pelas almas humanas,
A luz, os estrangeiros, as leves abelhas,
O ócio, as palavras que iniciam o edílio,
Os corpos harmoniosos, os versos de Virgílio.

Quando sobre teu peito minha alma foi apaziguada
E a doce criatura, tua e minha, desejada,
Eu coloquei entre tuas mãos toda minha fantasia

E te disse humilhada por esses pensamentos:
Vigia-me os olhos! Quando mudam os ventos
A alma feminina se perturba e varia...

Las grandes mujeres

En las grandes mujeres reposó el universo.
Las consumió el amor, como el fuego al estaño,
A unas; reinas, otras, sangraron su rebaño.
Beatriz y Lady Macbeth tienen genio diverso.

De algunas, en el mármol, queda el seno perverso.
Brillan las grandes madres de los grandes de antaño.
Y es la carne perfecta, dadivosa del daño.
Y son las exaltadas que entretejen el verso.

De los libros las tomo como de un escenario
Fastuoso – ¿Las envidias, corazón mercenario?
Son gloriosas y grandes, y eres nada, te arguyo.

– Ay, rastreando en sus almas, como en selvas las lobas,
A mirarlas de cerca me bajé a sus alcobas
Y oí un bostezo enorme que se parece al tuyo.

As grandes mulheres

Nas grandes mulheres descansou o universo.
As consumiu o amor, como o fogo de estanho,
A umas; rainhas, outras, sangraram seu rebanho.
Beatriz e Lady Macbeth tem gênio diverso.

De algumas, no mármore, fica o seio perverso.
Brilham as grandes mães dos grandes do passado.
E é a carne perfeita, dadivosa do dano.
E são as exaltadas que entrelaçam o verso.

Dos livros as tomo como de um cenário
Generoso – As inveja, coração mercenário?
São gloriosas e grandes, e és nada, te argumento.

- Ah, rastreando nas suas almas, como as lobas nas selvas,
A olhá-las de perto desci-me a suas alcovas
E ouvi um bocejo enorme que se parece ao teu.

Fiesta

Junto a la playa, núbiles criaturas,
Dulces y bellas, danzan, las cinturas
Abandonadas en el brazo amigo.
Y las estrellas sirven de testigo.

Visten de azul, de blanco, plata, verde…
Y la mano pequeña, que se pierde
Entre la grande, espera. Y la fingida,
Vaga frase amorosa, ya es creída.

Hay quien dice feliz: –La vida es bella.
Hay quien tiende su mano hacia una estrella
Y la espera con dulce arrobamiento.

Yo me vuelvo de espaldas. Desde un quiosco
Contemplo el mar lejano, negro y fosco,
Irónica la boca. Ruge el viento.

Festa

Junto à praia, núbeis criaturas,
Doces e belas, dançam, as cinturas
Abandonadas no braço amigo.
E as estrelas servem de testigo.

Vestem azul, branco, prata, verde...
E a mão pequena, que se perde
Entre a grande, espera. E a fingida,
Vaga frase amorosa, já se acredita.

Há quem feliz diga: -A vida é bela.
Há quem estende a mão a uma estrela
E a espera com doce arrebatamento.

Eu dou as costas. De um quiosque
Contemplo o mar distante, escuro e fosco,
Irônica a boca. Ruge o vento.

Versos a la tristeza de Buenos Aires

Tristes calles derechas, agrisadas e iguales,
Por donde asoma, a veces, un pedazo de cielo,
Sus fachadas oscuras y el asfalto del suelo
Me apagaron los tibios sueños primaverales.

Cuánto vagué por ellas, distraída, empapada
En el vaho grisáceo, lento, que las decora.
De su monotonía mi alma padece ahora.
—¡Alfonsina! —No llames. Ya no respondo a nada.

Si en una de tus casas, Buenos Aires, me muero
Viendo en días de otoño tu cielo prisionero,
No me será sorpresa la lápida pesada.

Que entre tus calles rectas, untadas de su río
Apagado, brumoso, desolante y sombrío,
Cuando vagué por ellas, ya estaba yo enterrada.

Versos à tristeza de Buenos Aires

Tristes ruas retas, acinzentadas e iguais,
Por onde aparece, às vezes, um pedaço do céu,
Suas fachadas escuras e o asfalto do chão
Apagaram-me os tíbios sonhos primaveris.

Quanto vaguei por elas, distraída, encharcada
Na névoa cinzenta, lenta, que as decora.
De sua monotonia minha alma padece agora.
—Alfonsina! — Não chames. Já não respondo a nada.

Se em uma de tuas casas, Buenos Aires, eu morro
Vendo em dias de outono teu céu prisioneiro,
Não me será surpresa a lápide pesada.

Que entre tuas ruas retas, banhadas por seu rio
Apagado, enevoado, desolado e sombrio,
Quando vaguei por elas, já estava eu enterrada.

MUNDO DE SIETE POZOS

1934

Retrato de un muchacho que se llamaba Sigfrido

Tu nombre suena
como los cuernos de caza
despertando las selvas vírgenes.

Y tu nariz aleteante,
triángulo de cera vibrátil,
es la avanzada
de tu beso joven.

Tu piel morena
rezuma
cantos bárbaros.

Pero tu mirada de aguilucho,
abridora simultánea
de siete caminos,
es latina.

Y tu voz,
untada de la humedad del Plata,
ya es criolla.

Te curva las arterias
el agua del Rhin.

Retrato de um garoto que se chamava Sigfrido

Teu nome soa
como os chifres de caça
despertando as selvas virgens.

E teu nariz tremulante,
triângulo de cera vibrante,
é a investida
de teu beijo jovem.

Tua pele morena
emana
cantos bárbaros.

Mas teu olhar de águia,
abridor simultânea
de sete caminhos,
é latino.

E tua voz,
untada da umidade do Prata,
já é nativa.

Te curva as artérias
a água do Reno.

El tango
te desarticula
la voluntad.
Y el charlestón
te esculpe
el cuerpo.

Tus manos,
heridas de intrincados caminos,
son la historia
de una raza
de amadores.

En tu labio
de sangre huyente
el grito de las walkirias
se estremece todavía.

Tu cuello es un pedúnculo
quebrado por tus sueños.

De tu pequeña cabeza
fina
emergen ciudades heroicas.

No he visto tu corazón:

O tango
te desarticula
a vontade.
E o charleston
te esculpe
o corpo.

Tuas mãos,
feridas por intrincados caminhos,
são a história
de uma raça
de amadores.

Em teu lábio
de sangue fugidio
o grito das valquírias
ainda estremece.

Teu pescoço é um pedúnculo
quebrado por teus sonhos.

De tua pequena cabeça
fina
emergem cidades heróicas.

Não vi teu coração:

debe abrirse
en largos pétalos
grises.

He visto tu alma:
lágrima
ensanchada en mar azul:
al evaporarse
el infinito se puebla
de lentas colinas malva.

Tus piernas
no son las columnas
del canto salomónico:
suavemente se arquean
bajo la cadena de hombres
que te precedió.

Tienes un deseo: morir.
Y una esperanza: no morir.

deve abrir-se
em longas pétalas
cinzentos.

Vi tua alma:
lágrima
alargada em mar azul:
ao evaporar-se
o infinito se povoa
de lentas colinas malva.

Tuas pernas
Não são as colunas
do canto salomônico:
suavemente se arqueiam
sob a cadeia de homens
que te precedeu.

Tens um desejo: morrer.
E uma esperança: não morrer.

Uno

Viaja en el tren en donde viajo. ¿Viene
del Tigre, por ventura?
Su carne firme tiene
la moldura
de los varones idos, y en su boca
como en prieto canal,
se le sofoca
el bermejo caudal…

Su piel,
color de miel
delata el agua que bañó la piel.
(¿Hace un momento, acaso, las gavillas
de agua azul, no abrían sus mejillas,
los anchos hombros, su brazada heroica
de nadador?
¿No era una estoica
flor
todo su cuerpo elástico, elegante,
de nadador,
echado hacia adelante
en el esfuerzo vencedor?)

La ventanilla copia el pétreo torso
disimulado bajo el blanco lino de la pechera.

Uno

Viaja no trem onde viajo. Vem
do Tigre, por ventura?
Sua carne firme tem
a moldura
dos varões idos, e em sua boca
como em apertado canal,
se sufoca
em vermelhão caudal...

Sua pele,
cor de mel
delata a água que banhou a pele.
(Um momento atrás, talvez, os feixes
de água azul, não abriam suas bochechas,
os largos ombros, sua braçada heroica
de nadador?
Não era uma estoica
flor
todo seu corpo elástico, elegante,
de nadador,
projetado à frente
no esforço vencedor?)

A janela copia o pétreo dorso
dissimulado sob o branco linho do peitoral.

(¿En otras vidas remontaba el corso
mar, la dulce aventura por señuelo,
con la luna primera?)
Luce, ahora, un pañuelo
de fina seda sobre el corazón,
y sobre media delicada cae su pantalón.

Desde mi asiento, inexpresiva espío
sin mirar casi, su perfil de cobre.
¿Me siente acaso? ¿Sabe que está sobre
su tenso cuello este deseo mío
de deslizar la mano suavemente
por el hombro potente?

(Em outras vidas remonta ao corso
mar, a doce aventura pela isca,
com a lua primordial?)
Brilha, agora, um lenço
de fina seda sobre o coração,
e, sobre a meia delicada, suas calças caem.

De meu assento, inexpressiva espio
sem olhar quase, seu perfil de cobre.
Sente-me talvez? Sabe que está sobre
seu tenso pescoço este desejo meu
de deslizar a mão suavemente
pelo ombro potente?

Yo en el fondo del mar

En el fondo del mar
hay una casa
de cristal.
A una avenida
de madréporas,
da.

Un gran pez de oro,
a las cinco,
me viene a saludar.

Me trae
un rojo ramo
de flores de coral.

Duermo en una cama
un poco más azul
que el mar.

Un pulpo
me hace guiños
a través del cristal.

En el bosque verde
que me circunda

Eu no fundo do mar

No fundo do mar
Há uma casa
de cristal.
A uma avenida
de madréporas,
da.

Um grande peixe de ouro,
às cinco,
vem-me saudar.

Me traz
um vermelho ramo
de flores de coral.

Durmo em uma cama
um pouco mais azul
que o mar.

Um polvo
me faz piscadas
através do cristal.

No bosque verde
que me circunda

—din don... din dan—
se balancean y cantan

las sirenas
de nácar verdemar.

Y sobre mi cabeza
arden, en el crepúsculo,
las erizadas puntas del mar.

–din don… din dan–
se balanceiam e cantam

as sirenes
de nácar verde mar.

E sobre minha cabeça
as pontas eriçadas do mar.

Faro en la noche

Esfera negra el cielo
y disco negro el mar.

Abre en la costa, el faro,
su abanico solar.

¿A quién busca en la noche
que gira sin cesar?

Si en el pecho me busca
el corazón mortal.

Mire la roca negra
Donde clavado está.

Un cuervo pica siempre,
pero no sangra ya.

Farol à noite

Esfera negra o céu
e disco negro o mar.

Abrem na costa o farol,
seu leque solar.

Quem busca na noite
Que gira sem cessar?

Se no peito me busca
o coração mortal.

Olhe a rocha negra
Onde cravado está.

Um corvo bica sempre,
mas não sangra já.

MASCARILLA Y TRÉBOL

1938

Río de la Plata en negro y ocre

La niebla había comido su horizonte
y sus altas columnas agrisadas
se echaban hacia el mar y parapetos
eran sobre la atlántica marea.

Se estaba anclado allí, ferruginoso,
viendo venir sus padres desde el norte;
dos pumas verdes que por monte y piedra
saltaban desde el trópico a roerlo:

Porque ni bien nacido ya moría
y en su desdén apenas se rizaba
señor de sí, los labios apretados.

Lavadas rosas le soltaba el cielo
y de su seno erguía tallos de humo
sobre quemados cabeceantes buques.

Rio da Prata em negro e ocre

A névoa havia comido seu horizonte
e suas altas colunas acinzentadas
se jogavam em direção ao mar e parapeitos
eram sobre a atlântica maré.

Se estava ancorado ali, enferrujado,
vendo virem seus pais do norte;
dois pumas verdes que por monte e pedra
saltavam do trópico a roê-lo:

Porque nem bem nascido já morria
e em seu desdém apenas se enrolava
senhor de si, os lábios apertados.

Lavadas rosas soltava o céu
e de seu seio erguia talos de fumaça
sobre queimados ondulantes navios.

Río de la Plata en gris y áureo

Respiración la suya grave y lenta
se estaba quieto, y no perder quería
el sueño, y de su cuerpo en tiernos grises
abría dulces ángeles dorados.

Soñaba una Ciudad de altos azules,
ni un hombre roto en su pecíolo y limpias
sus iguales aristas; y una mano
que Doy decía abierta en sus portales.

No le pesaban en su piel las moscas
ultramarinas ni las sacudía
y estaba como atado al cielo puro.

También el árbol sin moverse estaba
y el pájaro lejano y le escribían
delgadas nubes la palabra Espero.

Rio da Prata em cinza e áureo

Respiração tua grave e lenta
estava quieto, e não perder queria
o sono, e de seu corpo em tenros cinzas
abriam-se doces anjos dourados.

Sonhava uma Cidade de altos azuis,
nenhum homem quebrado em seu caule e limpas
suas iguais bordas; e uma mão
que Doy dizia aberta em seus portais.

Não pesavam em sua pele as moscas
ultramarinas nem ele as sacudia
e estava como atado ao céu puro.

Também na árvore sem mover-se estava
o pássaro distante, e escreviam,
finas nuvens, a palavra Espero.

Río de la Plata en arena pálido

¿De qué desierto antiguo eres memoria
que tienes sed y en agua te consumes
y alzas el cuerpo muerto hacia el espacio
como si tu agua fuera la del cielo?

Porque quieres volar y más se agitan
las olas de las nubes que tu suave
yacer tejiendo vagos cuerpos de humo
que se repiten hasta hacerse azules.

Por llanuras de arena viene a veces
sin hacer ruido un carro trasmarino
y te abre el pecho que se entrega blando.

Jamás lo escupes de tu dócil boca:
llamas al cielo y su lunada lluvia
cubre de paz la huella ya cerrada.

Rio da Prata em areia pálido

De que deserto antigo és memória
que tens sede e na água te consomes
e alças o corpo morto em direção ao espaço
como se tua água fosse a do céu?

Porque queres voar e mais se agitam
as ondas das nuvens que teu suave
mentir tecendo vagos corpos de fumaça
que se repetem até fazerem-se azuis.

Por planícies de areia vem às vezes
sem fazer ruído um carro transmarino
e te abre o peito que se entrega brando.

Jamais os cuspas de tua dócil boca:
chamas ao céu e sua chuva de luar
cobre de paz a pegada já fechada.

Río de la Plata en celeste nebliplateado

Alguna vez del cielo te enamoras
y lo piensas en ti; y arriba subes
y cruzas lento por el suave espacio;
y el cielo baja y tiéndese en llanura.

Y aquella blanca vela que venía
desde el filo del mar, la comba asciende;
y el copo que en la comba navegaba
horizontal se mueve en tus plateados.

Cuando el amor así de flor te viste
quien mira el cielo campos de agua mira
y quién tu cuerpo azules de aire fino;

Y no se sabe qué es lo propio tuyo,
si tus nublados de humo cabeceantes
o el cabeceo de las grises nubes.

Rio da Prata em celeste nebliprateado

Alguma vez do céu te apaixonas
e o pensas parte de ti; e acima sobes
e cruzas lento pelo suave espaço;
e o céu baixa e estende-se em planície.

E aquela branca vela que vinha
da beira do mar, o bojo sobe;
e o floco que na curva navegava
horizontal se move em teus prateados.

Quando o amor assim de flor te veste
quem vê o céu, campos de água vê
e quem vê teu corpo, azuis de ar fino;

e não se sabe o que é realmente teu,
se teus nublados de fumaça ondulantes
ou o ondular das nuvens cinzas.

Río de la Plata, en lluvia

Ya casi el cielo te apretaba, ciego,
y sumergida una ciudad tenías
en tu cuerpo de grises heliotropos
neblivelado en su copón de llanto.

Unas lejanas cúpulas tiznaba
tu gran naufragio sobre el horizonte
que la muerta ciudad bajo las ondas
se alzaba a ver el desabrido cielo:

Caía a plomo una llovizna tierna
sobre las pardas cruces desafiantes
en el pluvioso mar desperfiladas.

Y las aves, los árboles, los hombres
dormir querían tu afelpado sueño
liláceo y triste de llanura fría.

Rio da Prata, na chuva

Já quase o céu te apertava, cego,
e submergida uma cidade tinhas
em teu corpo de cinzas heliotrópios
neblivelado em seu cálice de pranto.

Umas distantes cúpulas manchavam
teu grande naufrágio sobre o horizonte
que a morta cidade sob as ondas
se levantava ao ver o nublado céu:

Caia uma garoa terna
sobre as pardas cruzes desafiantes
no mar chuvoso espalhadas.

E as aves, as árvores, os homens
dormir queriam teu sonho aveludado
lilás e triste de uma planície fria.

Sugestión de un sauce

Debe existir una ciudad de musgo
cuyo cielo de grises, al tramonto,
cruzan ángeles verdes con las alas
caídas de cristal deshilachado.

Y unos fríos espejos en la yerba
a cuyos bordes inclinadas lloran
largas viudas de viento amarilloso
que el vidrio desdibuja balanceadas.

Y un punto en el espacio de colgantes
yuyales de agua; y una niña muerta
que va pensando sobre pies de trébol.

Y una gruta que llueve dulcemente
batracios vegetales que se estrellan,
nacientes hojas, sobre el blando limo.

Sugestão de um salgueiro

Deve existir uma cidade de musgo
cujo céu de cinzas, ao tramonto,
cruzam anjos verdes com asas
caídas de cristal desgastado.

E uns frios espelhos na erva
a cujas arestas inclinadas choram
largas viúvas de vento amarelado
que o vidro embaça equilibradas.

E um ponto no espaço de pingentes
hortaliças de água; e uma menina morta
que vai pensando sobre pés de trevo.

E uma gruta que chove docemente
batráquios vegetais que se batem,
nascentes folhas, sobre o brando limo.

El hijo

Se inicia y abre en ti, pero estás ciega
para ampararlo y si camina ignoras
por flores de mujer o espadas de hombre,
ni qué de alma prende en él, ni cómo mira.

Lo acunas balanceando, rama de aire,
y se deshace en pétalos tu boca
porque tu carne ya no es carne, es tibio
plumón de llanto que sonríe y alza.

Sombra en tu vientre apenas te estremece
y sientes ya que morirás un día
por aquel sin piedad que te deforma.

Una fase brutal te corta el paso
y aún rezas y no sabes si el que empuja
te arrolla sierpe o ángel se despliega.

O filho

Se inicia e abre em ti, mas estás cega
para ampará-lo e se caminha ignoras
por flores de mulher ou espadas de homem,
nem como alma prende nele, nem como olha.

O embala balançando, ramo de ar,
e se desfaz em pétalas tua boca
porque tua carne já não é carne, é tíbia
penugem de choro que sorri e sobe.

Sombra em teu ventre apenas te estremece
e sentes já que morrerás um dia
por aquele impiedoso que te deforma.

Uma fase brutal te corta o passo
e ainda rezas e não sabes se o que empurra
te enrola serpente ou anjo se eleva.

Juventudes

Yacentes en estratos las tenías
pero atentas al dedo que intentase
borrarlas pues vengábanse gozosas
del ojo anulador que las lloraba.

Moría alguna e la de abajo erguía
su capullo de luces abridoras
y me daba los rojos más ardientes
y los cristales de agua más azules.

Terrible juventud esta postrera;
me alzaba en imantados vuelos como
si todo fuera un desflecado sexo:

Henchida estaba mi garganta de aire
reverdecido y exultantes ojos
me modelaban por que bien muriese.

Juventudes

Deitadas em estratos as tinha
mas atentas ao dedo que intentasse
apagá-las pois vingavam-se alegres
do olho anulador que as chorava.

Morria alguma e a de baixo erguia
seu casulo de luzes abridoras
e me dava os vermelhos mais ardentes
e os cristais de água mais azuis.

Terrível juventude esta última;
me alçava em magnetizados voos como
se tudo fosse um desgastado sexo:

Cheia estava minha garganta de ar
enverdecido e exultantes olhos
me modelavam porque bem morresse.

El muerto huyente

Enciende el sol su mediodía y, solo,
se yergue un luto en la yacente losa
y el mar despliega sus banderas verdes
prendido a la mansión de los colmados.

Cortan las horas las prensadas fibras
del tiempo y baja el párpado, apagando,
el sol, manchado por la estatua humana,
que arquea el cuello en la nacida noche;

Y allí se está: debajo de la piedra
un seco montoncillo descarnado
en animales olas se retoza.

En vano afuera el llanto clama al muerto;
cuesta abajo rodando en sus neveras
ni en gases deletéreos ya responde.

O morto fugido

Acende o sol seu meio-dia e, sozinho,
se levanta um luto na reclinada laje
e o mar estende suas bandeiras verdes
junto à mansão das tendas.

Cortam as horas as prensadas fibras
do tempo e baixa a pálpebra, apagando,
o sol, manchada pela estátua humana,
que arqueia o pescoço na nascida noite;

E ali se está: debaixo da pedra
um seco monte descarnado
em animais ondas brinca.

Em vão lá fora o choro clama ao morto;
costa abaixo rodando em suas geleiras
nem em gases deletérios responde.

Voy a dormir

Dientes de flores, cofia de rocío,
manos de hierbas, tú, nodriza fina,
tenme prestas las sábanas terrosas
y el edredón de musgos encardados.

Voy a dormir, nodriza mía, acuéstame.
Ponme una lámpara a la cabecera;
una constelación; la que te guste;
todas son buenas; bájala un poquito.

Déjame sola: oyes romper los brotes…
te acuna un pie celeste desde arriba
y un pájaro te traza unos compases

para que olvides… Gracias. Ah, un encargo:
si él llama nuevamente por teléfono
le dices que no insista, que he salido…

Vou dormir

Dentes de flores, touca de orvalho,
Mãos de ervas, tu, fina ama,
Presta-me os lençóis terrosos
e a colcha de musgos encardidos.

Vou dormir, ama minha, deita-me.
Põe uma lâmpada na cabeceira;
Uma constelação; a que tu queiras;
Todas são boas; abaixe-a um pouquinho.

Deixa-me só: escutes nascer os brotos...
Um pé celeste te embala lá de cima
e um pássaro te desenha uns compassos

Para que não esqueças... Obrigada. Ah, um favor:
se ele liga novamente pelo telefone
Diga-lhe que não insista, que saí...

Este livro foi composto com fonte
tipográfica Cardo 11pt e impresso sob
papel pólen bold 90g/m² pela gráfica
PrintStore para a Coragem.